★騒がしい教室を変える40の方法

叱る技術

上條晴夫 著

学陽書房

まえがき

本書は「騒がしい教室を変える」をテーマにしています。

1997年以降広く知られるようになった「学級崩壊」の現れである「騒がしい教室」について、その具体的な方策を考えます。

まず考えられるのが（毅然たる態度の）叱る技術です。

子どもたちの心情に近づきすぎ、子どもたちをキチンと叱れない、ゆえに安心して学ぶために必要な教室の秩序維持に失敗をしてしまっている「友だち先生」が増えているという分析があります。

最低限のルールについて、その善し悪しを明示して、断固として叱る、そんな叱り方が必要であると多くの先生が主張されるようになっています。毅然たる態度の叱る技術は、学級崩壊が広く知られるようになった現在でも、教室の秩序維持に貢献しています。

ただし、叱る技術が効力を発揮するのは、教師の言葉に十分な説得力がある場合に限られます。「なぜ立ち歩きはダメか」「なぜおしゃべりをやめるべきか」。教師の言葉の説得力が問われます。

この叱る技術のヒットポイントについて詳述します。

ただし本書は叱る技術だけが「騒がしい教室」の方策であるとは考えません。「騒がしい教室」を乗り越えるには叱る技術以外にもいろいろな考え方や方法があるはずだという立場をとります。

たとえば「教室の空気を変える方法」についてです。

子どもたちがザワザワし始めた教室で教師が面白い学習クイズを

してみたり、静かな音楽をかけてみたり。教室のザワザワを学習へ向けた集中へと導く空気づくりをすることは十分に可能です。

さらに「騒がしさの中で学ぶ方法」についてです。

従来の「静かに」「座って」を前提にしていた学びのスタイルを「明るく」「アクティブに」を前提にした学び合いに変えるのです。いわゆる「参加・体験型」などと呼ばれる学習法がそれです。

つまり本書は「騒がしい教室」を学びのある教室に変えるための方策を「叱る」に限定せずさまざまな角度から考えています。もちろん考えるだけではなく技術レベルに落とし込んで提案しています。

本書が現場で苦闘する先生方のお役に立てば幸いです。

2008年10月

上條晴夫

◆もくじ

プロローグ ★前提の話

I ★叱る技術

Ⅱ ★空気を変える技術

III ★学びを生む技術

エピローグ ★理論的な話

プロローグ

前提の話

1　騒がしい教室が増えている

1997年、学級崩壊がイッキに知られるようになります。

当時、教育雑誌『授業づくりネットワーク』の編集長だったわたしは、すぐに「緊急連載★学級崩壊」を開始しました。

1980年代、中学校の荒れ（校内暴力）の記事を読みながら、次は小学校に何かが起こるとずっと考えていました。

その学級崩壊が広く知られるようになってほぼ10年です。

問題は解決されず、むしろ日常化しています。

学級崩壊の特徴は大きく２つです。

①　私語（おしゃべり）

②　離席（立ち歩き）

２つの現象は別々のことのようですが、いずれも学校・学級内のコミュニケーションに関わる問題です。私語は教師の話よりも私的なコミュニケーションを重視する行動ですし、離席は座席から少し離れた友だちとコミュニケーションをとろうとする行動です。

学級崩壊について現場の先生にいろいろ話を聞きました。

その１つに次のような質問がありました。

「授業が始まるときに騒がしい場合どうしますか？」

ベテラン教師は「静かにさせる」と言いました。

「子どもが浮わついてザワザワするときがあります。そういうときは黙って待ちます。それでも静かにならないときは一喝します」

若手教師たちは「授業を始める」と言いました。

「たいてい子どもたちはザワザワとしています。もしも子どもたちが静かになるのを待っていたら授業がまったくできません」

当時はまだベテランと若手に認識の差がありました。

しかしいま、騒がしい教室の増加は周知の事実です。

2 騒がしい教室を叱りたい教師が増えている

学級崩壊が知られ始めたとき、教師はとまどっていました。

子どもたちのザワザワは当然よくない現象でしたが、たまたま行儀のよくない子どもに当たったという感覚が強かったからです。

何とか子どもたちを変えようとして四苦八苦していました。

教室に何が起きたのかが十分につかめないでいました。

しかし最近になって対応が変わってきました。

子どもたちの変化がたまたまでないとわかったからです。

それまでの教師の常套句だった「みんな仲良く」と「ダメなものはダメ」の２つだけでは収まらないとわかってきたからです。

もう少し別の対応策が必要になってきました。

その１つが「毅然とした態度」です。

規範を明示して叱る指導法です。

この「叱る指導法」は効果があります。

① 最低限のルールについて、

② その善し悪しを明示し、

③ 断固として叱る。

この方法が少しずつ知られるようになります。

そして少しずつ広がり始めました。

しかし、この方法には限定条件がつきます。

教師の言葉に「説得力」があるという限定条件です。

たとえば、ザワザワしている子どもたちに「静かにしなさい」をくり返しますが、「なぜ静かにする必要があるか」を子どもたちが納得できるように説明できる教師は案外少ないです。

そういう言葉の力の弱い教師が、いくら「毅然とした態度」で子どもたちを叱っても、逆効果になることが多いです。

3 教室の空気を変える対処の仕方もある

教室が騒がしいときに空気を変える方法もあります。

たとえば、子どもたちのザワザワに対して、子どもたちが楽しくなるような「つかみネタ」をぶつけてみるとか、ちょっと変わった音楽をいきなり流してみるとか、というようなことです。

叱るのとは別に、そのような方法から授業に入ることもできるのです。

私語への対処法を整理すると３つあります。

① 私語を叱ってやめさせる
② 私語の中で何かを始める
③ 私語のできる学びをする

従来の考えからすると、子どもたちがよくない「おしゃべり」をしているのだから、断固として叱り、それをやめさせた後、本来行う予定だった勉強を粛々と開始すべきです。

これがもっとも順当な考え方です。

しかし私語がなかなかやまない状況でも、ザワザワから集中へと空気を変える手立てはいろいろあるということです。

そういうアイデアを出すことはできます。

それが先のつかみネタや音楽です。

よくない子どものおしゃべりと対決をせず、空気を変えることで、それを解決しようとするのは、従来の考えからすると、ちょっと潔くない気もします。しかし、空気を変えることで子どもたちの学びをつくれるのであれば、それはそれでよいとも考えられます。

空気を変える方法は、ある種の発想の転換です。

発想を転換して、「空気を変える」ための方法を考えてみると、「厳しく叱る」以外の、いろいろなアイデアが見えてきます。

厳しく叱らなくても現状を変えることができます。

これはこれで現状打開といえるはずです。

4 新たな学びを生むチャンスもある

前項にも書きましたが、私語に対する対処法は３つです。

① **私語を叱ってやめさせる**
② **私語の中で何かを始める**
③ **私語のできる学びをする**

すでに私語を叱ってやめさせるには「説得力」が必要であること、私語の中で授業を開始するには「空気を変える」方法があることを考えました。ここでは「おしゃべりがあっても授業ができてしまう」または「おしゃべりを活用して授業をしてしまう」を考えます。

従来の授業は次の２大ルールを前提にしていました。

① **おとなしく座っている**
② **黙って話を聞いている**

騒がしい教室ではこの２つのルールが守れません。

この２大ルールが守れないためにルールを前提にした授業がやりにくくなっています。つまり教師の随時の指導言（指示・発問・説明）によって、授業を前に進めていくやり方です。

しかし２大ルールを前提にしない授業もあります。

たとえば「問題解決学習」と呼ばれる学習者の活動を中心とした

授業です。この授業では子どもたちの学習の流れをできるだけ途切れさせないようにするために、その時間中に行う学習については、授業の冒頭で、活動内容をあらかた伝えてしまいます。

従来の授業のように教師の指導言で随時学習をコントロールすることが少ないです（まったくなくなるわけではないです）。たとえば、学習遊びを中心にした授業、表現活動を中心とした授業、グループ討論を中心とした授業などの活動中心の授業がそうです。

２大ルールを前提にしない新しい授業がつくれます。

5 教室の騒がしさを指導の出発点に

先に書いたように雑誌で学級崩壊の連載をしました。その連載の中で、いろいろなリサーチをしました。

この「学級崩壊」現象について、なぜこの現象が起きているか、それをどう分析すべきか、どのような対策が有効であるか、などについて、できるだけ広く深くリサーチしようとしました。

その取材で見えてきたことがいくつかありました。

その中の１つが「騒がしさ」は決して小学校だけの現象ではないということです。学校で最初に私語が蔓延したのは、大学でした。地方の私立女子大学だったといいます。次が高校、そして中学、最後の最後に小学校にたどり着いた、ということです。

学校の外はどうでしょう。パッと思いつくのはバスや電車の中です（以前はもっとずっと静かでした）。企業が行う研修などでもごく普通に私語が発生します。またお坊さんがお経を唱える葬式でもおしゃべりが起こるようになったという記事を読みました。

つまり「騒がしさ」は教室だけの現象ではないのです。

これを教室からだけ追い出すのは至難の技です。

少なくとも叱るだけではむずかしいです。

この現象とつき合っていくには、先にも書いたようにザワザワしている教室の空気を変えたり、ザワザワしていてもできる授業方法の工夫が必要です。

いま、そういうことが必要になってきていると考えます。

I

叱る技術

「叱る」には説得力が、毅然とした態度が必要です。
「なぜ立ち歩きはダメなのか」「なぜ静かにする必要があるか」
子どもたちが納得する指導が必要です。

1 距離をとってから叱る

キツく叱っても子どもが反省していないように見えることがあります。子どもとの距離をとることで叱る重さを増すことができます。

◆…叱られてもビビらない？

新採用の年、小学４年生を担任しました。すぐに怒るこわーい先生でした。しかし子どもたちはちっともビビッてくれません。

たとえば、１人だけ呼んで目の前に立たせ、かなりきつい口調で叱責しているつもりでもニコニコしながら聞いています。まったく「怒られている」感がないのです。それがなぜか不思議でした。

◆…わざと距離をとって叱る！

あるとき、３年生担任の、年輩の女先生と合同体育をしました。

体育館に集まった子どもたちは大騒ぎをしていました。すると、女先生は、大きな声で子どもたちを叱り始めました。子どもたちはビックリした顔をして先生の話にシュンとして聞き入りました。

このとき、わたしはあることに気がつきました。先生は子どもと少し距離をとってから叱っていました。もう１つ、手を腰に当てていました。それで、わたしはある実験を試みることにしました。

教室で子どもを叱るとき、いつものように子どもを膝の間に寄せ、抱きかかえるようにして叱る叱り方をやめました。少し距離をとり、その子を立たせました。ほんの一言か二言…。アッという間にその子の目から涙があふれました。大あわてで実験を中止しました。

教師が子どもを叱るとき、その距離がとても大事です。

やってみよう

叱るときの距離を、50センチ〜1メートルにしてみてください。わざとそのくらいの距離をとると効果が倍増します。

★距離を変えて叱る

距離は大事です。遊んじゃいけませんけど…。

2 余計な話は省いて話す

子どもの態度を叱るとき、どうしても話が長くなってしまいがちです。中身のある叱責にするには「短く叱る」心がけが大事です。

◆…叱る時間が長くなる！

教室がザワザワします。「もっと集中しなさい！」と叱ります。しかし子どもたちのザワザワはなかなか収まらないです。

最初は短く叱って、すぐ指導に戻ろうとします。しかし子どもたちの表情に期待した反省の色が浮かびません。それでつい叱責の言葉が長くなります。話がズルズルと後ろに伸びていきます。

長い叱責がクセになってしまいます。

◆…叱る理由を明確にする

最初の５年間、体育と音楽の授業に精力を注ぎました。

「体育も音楽も指導の結果がすぐに出る。授業上達を考えるならこの２つから修行するとよい」と読んだからです。

得意の体育は大丈夫でした。問題は音楽でした。なかなか結果が出せません。それで「真剣にやれ～っ」とよく叱りました。

あるとき、N子が日記帳に書いてきました。

「叱られるのはしかたがない。でもあんまりアレコレ言うので何を反省したらいいのかわからなくなる。あれはやめてほしい」

教室で日記を読み上げて聞いてみました。子どもたちは「その通り」と深くうなずきました。わたしは謝って、「短く叱る」宣言をしました。よい叱り方は余分なことを言わないことです。

★短く叱る

やってみよう

「短く叱る」コツは叱るポイントを1つに絞ることです。2つも3つも叱っても、結局伝わらないからです。

3 「なぜ」つきで端的に叱る

叱責の際の陥りがちな落とし穴に「理由なし」があります。子どもたちを叱るときに一番大事なのは叱る理由です。

◆…子どもに思いが伝わらない

感情的に叱ることがないようにルールを決めます。

どうすれば叱られるか。子どもたちにはっきり示して叱ります。しかし、その思いが伝わっているのか疑問に思うときがあります。「子どもになめられているの!?」と感じるときがあります。

◆…叱る理由を端的に示す

最近の子どもは「叱る＜理由＞」を聞きたがります。

教師が注意をしても、その意図を察して反省をすることが少ないです。他方、教師は理由なしの注意をすることが多いです。

ディベート研修で、よく理由を言う訓練をします。

「春夏秋冬いつが好きですか？」

「○です。なぜかというと～」。この「なぜかというと」の後の理由を説得力をもって言える教師は驚くほど少ないです。

「新しい気持ちになるからです」

「色々な花が咲くからです」

「暖かいからです」

データに具体性がないです。理由づけが不十分です。これでは伝わり方は弱くなります。子どもたちを叱るとき、どんなときに叱るかだけでなく、なぜ叱るか、強い理由を示すことが重要です。

やってみよう

叱る言葉の中に「なぜ」を入れるといいです。なぜ叱るのかを、データを示して話すことで叱る効果が長持ちします。

★なぜ叱るの？

4 「目安言葉」を使って諭す

「しっかり」「キチンと」は教師が好む言葉です。
しかし、子どもの行動変容を迫るためには「目安言葉」が必要です。

◆…教師が好む言葉

「キチンと立ちなさい」

「しっかり先生の話を聞きなさい」

「ちゃんと話しなさい」

わたしが現場教師だった1980年代、「キチンと」「しっかり」「ちゃんと」と叱るベテラン教師たちが山のようにいました。

よくあれで伝わるなあと不思議でした。

◆…「立つ／寄りかかる」を教える

いま、こういう言葉を使う先生のクラスは荒れています。

教師の気持ちを察することを子どもたちがしなくなったからです。たとえば「立つ」です。当番の子の「起立」の合図で子どもたちを立たせてみると、ダラダラとした立ち方が目立ちます。

こんな場合、「立つ」と「寄りかかる」を教えます。

立つは、机に寄りかからずピッと立ちます。

寄りかかるは、机に寄りかかって立ちます。

２つの動作を子どもにもさせます。

そしてやや強く言います。

「立ちなさい！」

これで子どもにも伝わります。

★キチンと叱る

「先生の方にへそを向けます」。「目安言葉」を使うことによって、子どもたちとの間に価値の共有が生まれます。

5 小言はあっさりと

ちょっとした失敗をいつまでも長く叱るのはベテラン教師の得意技です。
しかし短く叱るに越したことはありません。

◆…ネチネチ型は嫌われる

子どもたちが授業の途中におしゃべりをします。

すると、授業を中断し、説教を始める教師がいます。同じようなことをくり返しクドクドとお説教します。ベテランの教師になると、１分で話せることを20分に引き延ばして話をします。

新米教師にマネのできない技術です。

新米教師は５分でネタ切れです。

◆…嫌われる叱り方を知る

この「１分で話せることを20分ぐらいに引き延ばして話す」叱り方は、子どもたちから最も恐れられる叱り方の１つです。

そのクドさに子どもたちはうんざりするからです。

このベテラン教師のテクニック、じつは「過去の過ちをしつこく持ち出して責める」というやり方をしています。「先週の授業でも同じだったよね。もうしないって約束をしたはずなのに…」。

しかし、これこそ子どもたちが最も嫌う叱り方です。

一度決着がついたら、そこでご破算にすべきです。

あとに残さないさわやかさが大事です。

ネチネチ型をマネしないでください。

教師の品格を落とします。

子どもたちを叱るときは1分以内にしましょう。それ以上長く叱ってもくり返しになりがちです。

★ネチネチしてると…

そこうるさい
まったくおまえたちは…
ネチネチ
10分経過
ネチネチ
なんどいったら……
20分経過
だから1分って言ったのにね
ネチネチオバケーJ!!

このオバケは人間に戻るんですかね？

6 子どもの理くつで叱る

「友だちと仲良くしたい」。いまの子どもの行動原理はこれです。
この行動原理を踏まえた叱り方を工夫したいです。

◆…なぜおしゃべりをするか

教師の説明中になぜ子どもたちは私語をするのでしょう。

最近の子どもの価値観調査によると「友だちと仲良くしたい」という愛情志向が強いです。「将来の利益のために勉強をしたい」ということもありますが、優先順位は前者が上のようです。

となりの人に話しかけられた場合、その話に乗って話し返すのが愛情ある行動です。話しかけてきたのを無視したら、それはシカトです。おしゃべりは友だちと仲良くしたい欲求の行動です。

勉強重視の注意に納得できない子どもが増えています。

◆…友情を大事にする叱り方

授業中の私語は勉強に関連した中身が予想以上に多いです。

「たしかに勉強の大事さもわかる」「でも友だちが話しかけてきたから話しただけ」「授業中に勉強の話をして何が悪いんだ！」

「先生は怒ってばかり。全然気持ちを理解してくれない」

叱ることを急ぎすぎないことがコツのようです。

たとえば、大学の講義で、「わたしは仕事なので声を張ります。でも仲間の学生が話すときは、静かにしてほしい。せっかく話をしているのがかき消されるのはかわいそうだと思いませんか？」

この「お説教」に対する評判はとてもいいです。

やってみよう

まずは「友だちの発言に耳を傾けて」と子どもたちの愛情志向に訴える言葉かけを工夫したいです。

★行動原理を読む

7 自分の気持ちを伝える

叱るとき「あなたは〜」と相手を非難する言い方ばかりになっていないかをときどきチェックしてみてください。

◆…アイメッセージとユーメッセージ

カウンセリングでアイメッセージの大事さが言われます。

アイメッセージの「アイ」とは「わたし（I）」のことです。

「アイメッセージとユーメッセージ」が対比されます。

たとえば「あなた（YOU）は〜です」という言い方をすると、相手を責めたり、非難したり、命令をする言い方になります。

同じ内容は「アイメッセージ」で言い換えられます。

◆…叱る目的は行動変容

たとえば、「（あなたは）何回言ったらわかるの！」

たしかにこう言いたくなるときがあります。

これが「ユーメッセージ」です。

アイメッセージでは「きみたちが自分からルールを守れるようになってくれたら（わたしは）すごくうれしいです」。

「何回言ったら！」と本気で怒っているときに、上のような言い方は少々やさしすぎる言い方に聞こえますが、叱るというのは、相手を責めることが目的ではないです。行動変容が目的です。

「わたしは〜です」「わたしは〜してほしいです」のように「わたしは」を主語にして、子どもの言動を自分がどう感じて、その子に何をわかってほしいかをまっすぐに伝えることが必要です。

やってみよう

主語を「あなたは～」として相手を責めるよりも「わたしは～」と自分の気持ちを伝えるほうが効果的です。

★愛《アイ》メッセージ

妻よ、わが家もアイメッセージでいこう
ハイ
ハイハイ
私はそうしてほしいわあ
私は肩もんでもらえたら嬉しいな
ハイ
私はあれがほしいわあ
うまくあやつられているような…

愛はまちがいなく奉仕です!!

8 パフォーマンスをする

「意識して自己表現をすること」をパフォーマンスといいます。
自分の叱る行為を十分に意識して行いたいです。

◆…机の上にひらり！

ヨーロッパでは、子どもたちが騒ぐと、教師は机の上にひらりと飛び乗り、手を広げて制止のパフォーマンスをするそうです。

アメリカ映画『いまを生きる』の教師役が机の上に飛び乗るパフォーマンスは、これが原型だそうです。日本の教室でこれをやるのは少々きついと思いますが、その演劇的精神はマネしたいです。

叱るときの遊び心といってもいいかもしれません。

◆…キャラクタートーク

とくに小学校の低学年ではこれが大事です。

拙編著『教師のためのキャラクタートーク術』に学級キャラクターのケロちゃんを使ったユニークな実践が出てきます。生き物係が金魚の世話を忘れたときです。教師が「係さん、ちゃんとしましょうね」とやさしく言っても、そのときだけ。「ハーイ」と返事をしても、すぐに忘れてしまいます。その場かぎりが多いです。

そこにケロちゃんから手紙が届きます。

「みなさんへ。ケロはいま、とてもかなしいです。ぼくの友だちの金ちゃんが、おうちがきたなすぎて、病気になりそうです。助けてあげてください」

叱るときにも遊び心は大事です。

やってみよう

教室にパペット（指人形）が1つあるといいです。ちょっと注意をしたいときでもミニコントが可能になるからです。

★パフォーマンス精神

★教師のパフォーマンスもキレが大事です。

9 やさしくそっと注意する

子どものメンツをつぶさない注意の仕方が必要です。
やさしくそっと注意することも大事です。

◆…事件現場を押さえる！

高校生に「注意」が効かなくなったといいます。

たとえば喫煙です。原則は「現場を押さえる」ことでした。

こっそり煙草を吸っている生徒を見つけて、「こらっ！」とやります。「吸ってただろう」「吸っていません」の押し問答ではさすがに指導にならないからです。ところが、ある時期から、現場を押さえても、逆ギレをする生徒が続出するようになりました。

◆…事件現場を通り過ぎる！

机間指導していると、注意したくなることがあります。

たとえば、作業を中途半端に終わらせて、手遊びをしているとか、寝そべっているとか。若いころはその場ですぐ注意しました。

しかし、生活指導のベテラン教師に「人前で叱らない」は鉄則であると聞いてから、その場をスルーして、目撃現場から少し離れた位置に立って、一般的注意として話すようになりました。

「作業が終わった人は××してください」

メンツつぶしが一番よくないです。

事件現場を押さえ、「××しなさい」という注意の仕方をしても以前ほど機能しなくなっているという背景があります。

叱るときの場所を考えてみたいです。

★そっと叱って

やってみよう

本気で叱る場合は「別室で叱る」が原則です。メンツをつぶして、逆ギレをさせてしまわないようにしたいです。

10 子どもの意欲を否定しない

「きみは全然やる気がない」。子どもの意欲を否定する叱り方は子どもの可能性の扉を閉ざします。前向きに叱りたいです。

◆…やる気のない行動

クラスで唯一K子だけが跳び箱を跳べずにいました。

わたしは跳び箱の横に立ち、K子が跳ぶのに声をかけます。

「せ〜の！」トンと踏み切るK子。しかし、K子は両手をつっかい棒のようにして、体を押しとどめてしまいます。

「もう１度！」（トン）「もう１度」（トン）。そうこうするうちにK子が動かなくなってしまいました。

「ほら、やるぞ。ハイッ！」

◆…子どもの意欲を見る

「やる気あるの!?　本当に！」

結果が出ないと子どもの意欲を叱りたくなります。

叱るとたしかに効果があります。しかし子どもの意欲を否定する叱り方は避けたいです。「できる、できる。きっとできるよ」。

子どもの「やる気」を信じた叱り方をしたいです。

じつは、上のケースで「やる気あるの!?」と言う直前、わたしはK子の息遣いに気づきました。わたしの「ハイッ！」の合図に対するK子の緊張と弛緩の息遣いに、わたしは彼女のやる気を確信します。そしてそれに気づくとすぐにK子は跳べるようになりました。

子どもの可能性を信じる叱り方をしたいです。

「無限の可能性」という有名な言葉があります。教師として子どもに対するとき、その変革可能性をかたくなに信ずる言葉です。

★君を信じてる

おまえならできる
ハイ
大丈夫しんじているよ
あーっ
あーーっ
君には無限の可能性がある
まってろすぐいく!!
ホラ、とびこめただろ!
ボクに言ってたんじゃなかったの・・・

教師の基本は、目の前の子どもを見ることです。

叱り方チェック

ちゃんと叱れているか、確認してみよう！

- [ ] 叱るべきときには叱る！
- [ ] 決してくどくど叱らない！
- [ ] 叱っている理由が伝わっている！
- [ ] 改善ポイントが明示されている！
- [ ] 子どもの過去の失敗を持ち出して叱らない！
- [ ] 叱る言葉の言い回しなどを工夫している！
- [ ] 叱る気持ちも子どもに伝えている！
- [ ] 叱り方の「自己演出」をしている！
- [ ] 叱るときは個別に叱る！
- [ ] 体罰をしていない！

Ⅱ

空気を変える技術

「教室の空気を変える」ことで騒がしさを乗り越えます。
授業導入の「つかみ」から、クイズ型問題、一斉練習、雑談タイム…。
ザワザワから集中へと導く方法です。

1 つかみ技術を工夫する

いま授業導入で一番大切なのは子どもたちを授業に引き込む「つかみ」技術です。子どもの関心を教師に向かせることです。

◆…従来の授業導入

教師がゆっくりと教卓の前に立ちます。

子どもたちがおしゃべりをやめて教師の方を向きます。

わたしの現場教師時代はそれがごくごく当たり前のことでした。

授業の導入では子どもたちに教科書を開かせ「前の時間はコレをしたよね」と授業の中身に入っていくことができました。

しかし1990年半ばくらいから、徐々に子どもたちは教師が教壇に立ってもおしゃべりをやめなくなってきました。いきなり内容の話を始めてもなかなか集中してくれなくなりました。

学級崩壊が騒がれたのと同時期のことです。

◆…新しい授業導入

子どもたちを授業に誘導する技術が必要になりました。

わたしはそうした導入の工夫を「つかみ型導入」という言い方で呼ぶようになりました。たとえば、国語授業であれば、授業冒頭でちょっとした漢字遊びをします。「３分間で木のつく漢字をできるだけたくさん集めましょう」というような遊びです。

内容に直接入る導入より学習効率は落ちます。

しかし「ちょっとした漢字遊び」が子どもたちの気持ちを授業に誘導します。体育などのウォーミングアップの運動と同じです。

やってみよう

朝一番、昼休み後の授業では「学習遊び」から始めてみましょう。頭のウォーミングアップ、リフレッシュができます。

★つかみはOK!?

今から漢字あそびしようね
よし、のってきた
ワーイ
木のつく漢字
杉
林
机
3分経過
ハイ、おわり
なんでーもっとあるのにーっ
村
桜
また今日もつかみだけで終りか…
栗
桃
柿
キンコンカンコーン

学習遊びは「時間管理」が大事です。

2 指示の内容を板書する

口頭で話すだけでなく文字でも指示をします。
耳から聞くのが得意な子と目から理解するのが得意な子がいます。

◆…わずかな違い？

たとえば「起立します。27ページを読みます。読み終わったら座ります」という指示があります。ごく単純な指示です。

板書する必要などまったくなさそうです。

でも次のように板書してみます。

①「**立って27ページを読む**」

②「**読み終わったらすわる**」

板書を示しながら指示をします。

子どもの動きが違います。

◆…読む指示の得意な子

全体の動きとしてはほんのわずかな違いです。

しかし教室の中には口頭での指示だけではパッと内容をつかめない子がいます。２回に１回は教師の言葉を聞き逃してしまうことがクセになっている子がいます。板書での指示も必要です。

言葉を聞きとる訓練が大事なのはいうまでもありません。

しかし確実に板書の併用でザワザワ感が減ります。

先に示した例はごく短い内容の指示なので、板書の指示がなくてもそのまま通る教室も多いと思います。しかし少し長い指示の場合は、板書のあるなしが教室の空気に大きな違いを生み出します。

やってみよう

板書指示では箇条書きを使います。数字を使って伝えたい内容を列挙します。それを指さしながら指示するといいです。

★聞かザル者も…

3 問題をクイズに変える

子どもたちが落ち着かないときは「クイズ型の問題」を使用するといいです。子どもが集中します。

◆…黒板にクイズを書く

いきなり荒れたクラスを担任した先生がいました。

中学校の国語の先生で、先生になってはじめて、意気揚々と教室に出向いたら３分の１くらいの生徒たちがいませんでした。

授業は生徒探しからスタートしたといいます。

生徒は廊下に寝転がっていたそうです。

寝転んでいる生徒を何とか説得して教室に戻ってみると、教室にいた生徒たちがダランとしていました。教室にいた生徒たちは待ちくたびれてしまったようです。次から先生は黒板に国語クイズを書いてから生徒探しをするようになったといいます。

◆…クイズを使った授業

この板書したクイズがきっかけだったそうです。

教室に集まった生徒たちを相手に「国語クイズ」を使って授業をするようになったといいます。たとえば、「夏目漱石の作品として、間違っているのはどれ？　①我が輩は猫である、②舞姫、③坊ちゃん」というような半分ぐらい勘でも答えられるような問題です。

こんな３択ならばどの生徒もクイズに参加できます。

「②舞姫」は森鴎外の作品だ、などと解説もできます。

クイズが教室の空気を変えたそうです。

やってみよう

学習クイズは3択がよいです。選択肢があれば、いずれかに挙手して、授業に参加できるからです。

★3 択の女王

我が輩は…
3. 2. 1.
豚 犬 猫
①が正解
次の3択は……
ハイ、②ですね!
私は
3択の女王
先生〜いいお見合い話が5つもあるのよぉ
いいえ、3つにして下さいっ
アラ、欲がないわね…っ

3 択か 5 択か。教育学的には非常に大事な問題です。

4 作業の時間を限定する

たとえばノート作業です。その作業内容に見合った時間を明確に指示すると、子どもたちはグンと集中します。

◆…ノート作業を指示する

言語力の育成が話題になっています。

この言語力の育成にはノート指導が最適だと思います。

たとえば、「この物語の季節はいつですか」という発問をしたとします。答えと短い理由を書いてもらいます。

書くことが言語力をみがくのです。

この際、「3分間で書きます」というように「答えと短い理由を書く時間」を限定するといいです。時間を限定することで集中して書くという作業をすることができるようになります。

3分、5分などと時間を指定します。

◆…作業状況を見て回る

時間の指示をしたら机間指導に入ります。

とくに重要なのは指示の直後です。すぐに「答えと短い理由」に着手できる子とそうでない子がいます。

まずは着手の早い子たちを見て回ります。正しく指示が伝わっているかどうかをチェックします。つぎは着手の遅い子どもたちです。ふらふら〜っと近づいていって指示の再確認などをします。

早く終わってしまった子への声かけも大事です。

時間を見ながら机間指導をしていきます。

★3分間待つのです

ヨーイ。
3分間考えます
う〜ん
3分間書きます
3分間まちます
またこれか…

3分間こそ「待ち」の王道です！

やってみよう

作業の指示は「3分間で書きます」から始めてみてください。これで、書くことに関するクラス実態も把握できます。

5 新鮮ネタをトークする

子どもは新しいもの好きです。
とくに友だちの見つけた新鮮ネタは好んで聞くようです。

◆…作文ノートを読み聞かせする

小学校教師時代、子どもの書く作文が大好きでした。

担任をした子どもたちに、毎日のようにミニ作文を書いてもらっていました。作文を読むのがメチャメチャ面白かったです。

当時、見たこと限定の作文を書かせていました。

「学校の坂にタンポポが咲いていた。茎がちょー短かった」

こんな感じの作文をよく読み聞かせしていました。

「短いってどのくらい？」「このくらい」

「そんなに短いの？」「ホント!!」

◆…百マス作文を交流させる

鳥取の先生が百マス作文という実践をしたそうです。

週１回、制限時間３分の「百マス作文」を書いて、学力向上にも貢献しているそうです（三谷祐児著『書く力を高める小学校「一〇〇マス作文」入門』明治図書・2007)。

何を書くかはまったく自由だそうです。

こういう作文は話のネタになります。

「笑えるね！」「先生もびっくり！」

などと短いコメントをつけます。

子どもたちは集中して聞きます。

やってみよう

子ども川柳もネタになります。条件は5・7・5で書くことだけです。他人の欠点・悪口以外は何を書いてもOKです。

★自虐ネタは、小学校高学年から増えてきます。

★子ども川柳

5・7・5でこども川柳を書きましょう
学校と塾の往復肩こった
先輩の顔色うかがいわざとミス
さすが先輩!
バイキングメタボの腹と相談す
サラリーマン川柳かい!!
せつない…

6 エンタメネタで脱線する

授業の息抜きにエンタメネタで脱線します。ズルズル話がそれていくのさえ気をつければ脱線は大変有効な教育技術です。

◆…キムタク総理の言葉

フジテレビ系のドラマ「CHANGE」。

総理大臣役のキムタクは元小学校の先生です。

第５話で総理大臣のキムタクが次のように言います。

「むかし自分のクラスでケンカが絶えなかったとき、ケンカをする子どもたちによく次のように言いました。『自分が感じて思っていることを相手に言って、相手の言うこともよく聞きましょう』」

すると横にいた秘書官が合いの手を入れます。

「そうするとわかり合えるんですね」

「いいえ。自分と相手が違うことがわかるんです。違うことがわかれば違う相手にどう言ったら自分が感じたり思ったりしていることを伝えられるかを考えられるようになるんです」

これ、高学年なら使えるネタです。

◆…芸能ネタで脱線トーク！

たとえば、教室で教育的な啖呵《たんか》を切りたいとき。

むかしの偉人の言葉を使うよりも、ラジオ「オールナイトニッポン」で小栗旬がしゃべった言葉の方が「伝わりやすい」です。

その言葉に子どもたちは耳を傾けます。

エンタメネタで脱線をしましょう。

やってみよう

「エンタの神様」「爆笑レッドカーペット」のようなテレビのお笑い番組をときどきチェックしてネタ仕込みをしましょう。

★授業のための…

これ、ワタシです。（上條）

7 動作のある学習をする

子どもは動くのが「仕事」です。動きのある学習をすると満足感が高くなって逆に少し落ち着くようです。

◆…片足立ちをして読みます

音読はくり返すことで上達します。

しかし機械的に何度もくり返すと飽きてきます。

移動読みと呼ばれる次のような音読の方法があります。

「○ページを読みます」

「普通に立って１回、黒板の前で１回、片足立ちして１回、席に座ってもう１回読みます」

場所や姿勢を変えて読みます。

こんな学習が子どもたちは大好きです。

◆…大蛇になって読みます

落ち着きのない小学２年生と移動読みをしました。

先のような普通の移動読みをしたあと「アイデアを募集します。どんな移動読みがしてみたいですか」。そう質問しました。

いくつかアイデアを募って１等賞を決めました。

〈大蛇になって読む〉が１番になりました。

参観の先生がたくさんいましたが、やってみることにしました。

「♪にょろにょろにょろ」。子どもたちは楽しそうです。

教室の床をはいまわりながら読みました。

こうなると演劇レッスンに近いです。

やってみよう

移動読みの定番は「片足立ちで読む」「黒板の前で読む」などです。クラスの「流行」読みをつくれると面白いです。

★動いて「読む」

8 一斉にする音読・問答

少し教室がザワついてきたら「一斉に○○をする」ということをしてみます。緊張感で教室の空気が変わることがあります。

◆…次の設問を読みます

授業では設問を読み上げる場面が少なくないです。

普通は教師がやることが多いです。教師が設問を読み上げることで授業を展開させていきます。

しかし教室がザワザワしている場合は次のように言います。

「設問を読みます。先生の後について読みなさい」

「連れ読み」と呼ばれる学習音読です。

コツは短く区切って読むことです。

長いと声がそろわないからです。

◆…「そうですね！」

同様な技術の１つに一斉問答があります。

フジテレビ系「笑っていいとも」のテレフォン・ショッキングでタモリの質問に「そうですね」と声をそろえるあれです。

授業でやる場合は次のようにやります。

「小説の題名は何ですか？」「(一斉に)『走れメロス』です」

「主役はだれですか？」「(一斉に) メロスです」

「Ａくんの好きな果物は？」「(一斉に) メロンです」

既知の事項を声をそろえて問答します。

ときどきユーモアを交えるといいです。

やってみよう

アントニオ猪木の「1・2・3 ダーッ」も効果的です。最後の「ダーッ」の部分を教室用にアレンジして使います。

★一斉練習

一斉に
ウィンクする
一斉に
ガッテンでい!!
一斉に
アンニュイになる
次回はもっと子供らしいこと、練習しようね
いつ使えるのかニャ〜〜

9 雑談タイムを設定する

教室がザワザワしてきたなと思ったら短い休憩（雑談）タイムをとります。休憩後はグンと集中力がアップします。

◆…「5分間休憩します」

山形大学の授業改善の冊子に「休憩」の項目があります。

90分の講義時間をずっとしゃべりっぱなしでは厳しいので途中に５分程度の休憩をはさみます。

休憩後は学生の集中力がアップするそうです。

少し調べてみたらアメリカの大学の授業改善のアイデア集などに同様の提案がありました。アメリカでは５分間の休憩時間に先生の趣味の太極拳をやらせることもあると書いてありました。

このアイデアは小学校・中学校でも使えます。

◆…雑談で何を話しているか

ある講義で学生の私語が少し気になりました。

ちょうど先の話をしたところだったので「３分間の雑談タイムをとることにします」と宣言しました。

雑談タイムに私語が気になった学生のところに行って何を話していたかを取材しました。直前にフロイトの話をしていたのですが、「弟子って誰だっけ？」という雑談をしていました。

こういう取材をよくします。データが少なくて断言はできないですが、私語とはいっても授業の内容に関係したものがけっこう多いようです。授業の雑談タイムには＜意味＞がありそうです。

やってみよう

休憩タイムをとることを予告しておくとよいです。雑談タイムがあるとわかると我慢して聞く時間が伸びるようです。

★お口《くち》直し？

魚料理のあとは
おくち直しのシャーベット
味覚をリセットしてから肉料理…
こんなかんじだニャー、雑談タイムって….

10 沈黙競争をやってみる

教師の話を黙って聞く状態を早くつくり出す、ちょっとした競争をしてみます。うまく遊べると集中する時間が早くなります。

◆…何秒で静かになれるか？

黙って聞く状態をつくることが難しくなっています。

説明を始めるために「静かにしてください！」といくら言ってもなかなか静かな状態がつくり出せません。

「今回は55秒で静かになりました」

「今回は25秒で静かになりました」

こんな風に言ってみると「早く静かにしよう」という動きが学級集団に生まれることがあります。前回より早く静かになった場合は、率直に「うれしいです」と感情を吐露します。

静かになるのがさらに少し早くなります。

◆…２班が静かになりました！

もうちょっと刺激的な方法もあります。

「静かにしてください」の後にグループ評価をします。

「２班が静かになりました」

「４班も静かになりました」

うまくすると静かになるのがすごく早くなります。

あまりやり過ぎると逆効果になる可能性もありますが、こうしたグループ評価で効果が出ることもあります。

遊び感覚でやることが大事です。

★沈黙オリンピック

やってみよう

腕時計を見て言います。「○秒で静かになりました」。学級全体を沈黙競争に巻き込むと静かになる時間が早くなります。

11 教師がわざと失敗する

教師の板書に子どもがいつツッコミを入れてもよいようにすると、教室の空気が明るくなります。

◆…先生、間違ってます！

教師の間違いを指摘するのは相当気を遣います。

しかし、わざと教師が失敗をして、それを子どもたちにツッコミさせるようにすると、だいぶ教室の風通しがよくなります。

たとえば、本日の日付などです。

「６月４日」を「４月６日」と書いたりします。

「先生、日付が反対です」

「ああ、ごめん、ごめん。また注意してね」

こういうちょっとしたやりとりができるといいです。

教師は完全無欠でないほうがいいです。

◆…先生、見えないです！

資料などを見せるときにもできます。

「ちょっとこれを見てください」

少しがんばってつくったパネル資料を裏表逆にして出します。

「先生、見えません」

「反対です」

こういうツッコミがあったら、「ごめん。ごめん。ありがとう。先生がうっかりしていたら、また注意してね」と言います。

ツッコミが子どもたちの集中力をアップさせます。

やってみよう

国語の時間に「では算数を始めます」と言いいます。子どもから「国語じゃないの！」とツッコミがあればしめたものです。

★だれか、ツッコミを！

行ってきま～す
あなた そのかっこう！
身体を張って子供たちにツッコミのスキを与えるのさ
5ページ開いて
いたってふつう
だれかツッコメ
はずかしーっ
たのむからツッコンで….

★ツッコミを促す話術も必要です！

12 教師の話は端的にする

教師の話は長いのが特徴です。思いついたことを継ぎ足すようにしゃべるからです。整理して端的に話すとよいです。

◆…「最後に」

養護教諭の先生から聞いた話です。

暑い夏の全校集会で校長先生が話し始めました。

「まず～」「次に～」「それから～」「最後に～」。校長先生の話が長かったので「最後に」という言葉を聞いて、ほっとした何人かの子がバタバタバタっと倒れたそうです。

ところが、校長先生はまだ話を続けます。

「もう１つ～」「それともう１つ～」

話が１つ加わる度に子どもがバタバタと倒れていったそうです。

◆…３つ話します

子どもに何か話をする場合、とにかく端的なのがいいです。

端的な話をつくり出すためには、何かを話そうとする場合、あらかじめいくつのことを話すのか頭の中で数えてから話します。

すると冒頭で「○つ話します」と言えます。

「１つ。～」

「２つ。～」

「３つ。～」

これだけで教師の話はだいぶ端的になります。

子どもたちも話が聞きやすくなります。

やってみよう

「2つ話します。1つは～。2つは～」。こんな話し方をすると、話が整理されて、子どもたちも聞きやすくなります。

★長いスピーチは…

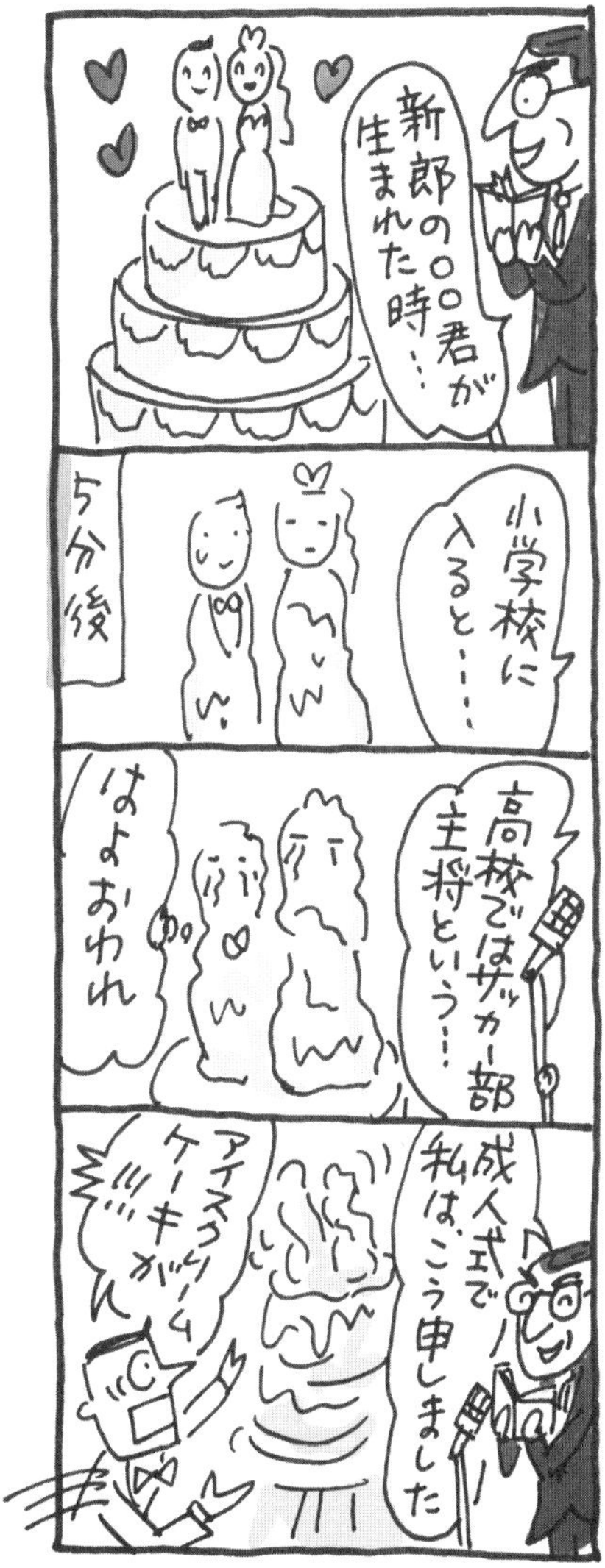
新郎の○○君が生まれた時…
5分後
小学校に入ると…
高校ではサッカー部主将という…
はよおわれ
成人式で私はこう申しました
アイスクリームケーキがー

短い話がかっこいいのだと普及したいです。

13 加点法評価をくり返す

評価にはよさを評価する加点法と悪さを指摘する減点法があります。よい教室の空気をつくるには加点法が大事です。

◆…よいところ探し競争

小学校教師時代、小学５年生の子どもたちと「班対抗よいところ探し競争」をやったことがあります。約１ヶ月くらい。

帰りの会で、班対抗よいところ探し競争をしました。項目を数え上げるように発表して、よさの数を競い合いました。

やってみてわかったのは、よくないところは簡単に見つけられるのに、よいところ探しはむずかしいということです。

探せるようになるのに時間がかかりました。

わたしも子どもたちと一緒にクラスのよいところ探しをしたのですが、やはり相当むずかしかったです。

よいところは意識しないと見つけられないからです。

◆…加点法でよい空気に

教師の評価は悪さを指摘する減点法が多いです。

もちろん減点法の評価が必要なときもありますが、減点法が中心になってしまってはどうしても教室の空気が悪くなります。

「○ちゃんが下級生におはようって声をかけていた」

「起立と言われて立つ姿が立派だった」

「教科書を読む声が前より少し大きくなった」

加点法評価の腕を磨きたいです。

★よいところ探し

お互い
よいところを
見つけ、5つ早く
言えた方が
勝ちだよ
ハイ
かわいい
うーん
明るい
う…ん
じ….
おちゃめ
ん…
む…
勝ったけど
どうも
ねつけん…

わが家でも経験アリです。

やってみよう

1日に5つというふうに数値目標を決めて「よいところ」を探す努力をします。少しずつ加点法ができるようになります。

14 教材を手づくりする

**伝統的な教材づくりの１つに「手づくり教材」があります。
手づくりすることで温かみが伝わります。**

◆…ワープロか手書きか

学級通信はワープロがよいか手書きがよいか。

一時期話題になったことがあります。しかしこれだけワープロが普及するとワープロによる通信が当たり前になります。

だからこそ手書きのよさが際立つこともあります。

字に自信のある人はぜひ！　と思います。

やっぱり温かみが伝わります。

◆…手づくりの「漢字ババ抜き」カード

ゼミで模擬授業の指導をします。

インターネットにある授業プランを手本につぎつぎと模擬授業を実施します。昨年、今年と偶然、同じプランの授業が重なりました。授業タイトルは「漢字ババ抜きゲーム」です。

カードにいろいろな漢字の「部分」を書いておきます。たとえば「イ」「氵」「皮」「ム」など。それを配って、ババ抜きの要領で、手持ちカードを組み合わせてカードを捨てていきます。

単純ですが、大学生でも盛り上がります。

このゲームは漢字カードをつくることろからはじまります。

学生は時間をかけてカードを手づくりしてきます。

それだけでも教室がいい感じになります。

やってみよう

たとえば、カットバンにサインペンで顔を描いた養護の先生がいました。それだけですが、子どもたちは喜びます。

★手づくり

ハマグリ
ビックリ
カラクリ
ボクがやりました
テヅクリ

教材にはカラクリ＝意外性も大事です。

15 質問の時間を保障する

授業の余り時間に質問を要求しても出てきません。子どもたちも先生が本気で要求していないと知っているからです。

◆…質問はありませんか？

45分の授業時間の最後の５分間です

たっぷり説明してまとめをした後で、「質問はありませんか？」と子どもたちに聞きます。

でも質問は出てきません。教師が一生懸命に説明をしてくれた直後です。「ありません」と答えるのがマナーです。質問はあくまで儀式で教師も本気で質問を求めているわけではないからです。

しかし最近本気で質問する子が出てきました。

教師の授業終末の「質問はありませんか？」が儀式的な発言だと気がつかない子どもです。でもこれはいい傾向だと思います。

◆…質問を制度化する！

わたしは学習ゲームをよくやります。

学習ゲーム研究会を立ち上げて研究などもしています。最初に、ルール説明をします。ルール説明は案外やっかいです。失敗しないようにプリントにルールを箇条書きして説明します。

それでも説明が不十分な場合があります。

必ず質問の時間をとります。質問は出ても出なくてもよいです。制度として質問時間を設けることで子どもたちがグンと安心をするようです。気になることがあると子どもの活動が鈍ります。

やってみよう

「説明したら質問！」を約束事にするといいです。質問が出たら喜んで答えます。教室の空気は間違いなくよくなります。

★質問は？

ハイ、質問ある人！
ハイ！
先生はどうして太ってるんですか
うっ
好きなマンガは？
特技は？
奥さんの名前は？
学習に関係ある質問だけにしましょ〜っ

学期はじめにフリー質問をやるのはアリです。

16 「号令ごっこ」をする

明確な指示が教室の空気をクリアにします。
とくに低学年では号令のような明確な指示が好まれます。

◆…「号令ごっこ」

やんちゃ坊主の多い小学2年生を担任したときです。

毎日のように「号令ごっこ」をして盛り上がったことがあります。

「(全員が体育着に着替えたのを確認して) キリーッ！」

「机の中にそ～っと椅子をいれます」

「男女別に廊下に並びます」

「口を閉じて体育館に移動します。忍者足です」

職員室前を駆け抜け、体育館に到着します。

「グループ別にまとまってすわります」

「話します。おへそを向けます」

子どもたちは楽しそうにキビキビと動いてくれました。

子どもたちはこのような号令を遊びとしてを楽しんでいました。

◆…一時一事の原則

当時、「一時一事の原則」ということがいわれました。

指示をするときには、2つも3つもいっぺんに言わずに、1度に1つの指示にすると伝わりやすいというものです。

実際にやってみるとたしかに伝わりやすいです。

しかしどうしても指示が増えます。バカ真面目に指示しているときゅうくつさが出てきます。少しの遊び感覚が必要です。

やってみよう

音読するのに「教科書を持って」「1行目から一緒に読みます」というふうに指示します。動きがキビキビしてきます。

★号令

教室でも笑い要素のある号令は効果的です。

17 1対1で会話してみる

子どもたち全員に向けた話し方が通りにくくなっています。
誰か１人に向けて話す話し方を覚えるといいです。

◆…漢字集めゲーム

大好きな学習ゲームに「漢字集め」があります。

たとえば「木のつく漢字探し」です。漢字の一部に木がつく漢字を集めます。「林・困・親・休」などです。時間を限定して個人で集めます。列ごとに１人１つずつ発表させ、それを板書します。

「エイです」「エイ？」「栄養のエイです」「ああっ」

「アンです」「安心のアンじゃないよね？」「案内のアンです」

「十字架のカです」「『架』ですね」「はい」

このゲームでは１人１つずつ発表します。

学習者と１対１の会話ができます。

この会話が意外に楽しいです。

◆…盗み聞き的構造

教室の会話は「教師対＜多＞」が多いです。

教師が不特定多数に向けて「××してください」と話します。

どうしても言葉に力が入りにくいです。そういう言葉にうまく反応できない子どもたちも増えてきています。

教室でも意識して１対１の会話場面をつくってみるといいです。

他の子どもたちはそれを盗み聞きするように聞きます。

この話し方だと言葉に力が入りやすいです。

やってみよう

一斉学習での「みんなに向けた話」を減らしたいです。たとえばグループ単位の学習をすると1対1の話が増えます。

★1対1がいい

その昔、将軍は女性達を平等に愛した
しかし、争いが絶えず
今は一夫一婦制
やっぱり1対1がわかりやすくていいね

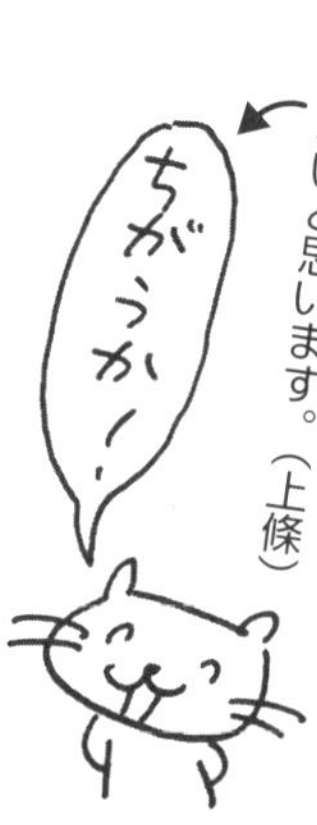
ちがうか!

★いえ、違わないと思います。（上條）

18 子どもと一緒に踊る

子どもたちと一緒に体を動かすと子どもたちと一緒に盛り上がれます。教室の雰囲気も楽しくなります。

◆…「SOMEDAY」を踊る

知り合いから佐野元春のCDをもらいました。

「SOMEDAY」です。キレのある楽しい曲です。小学２年生のクラスに持ち込んでBGMに使ってみました。気分がいいです。

すると、１人の男の子が踊り出しました。

「いいね。うまいねぇ！」

そういうと、何人かのやんちゃ坊主たちがバラバラと教室の前に飛び出してきて、その曲に合わせて踊り出しました。最初は格好よく踊っていましたが、途中からは盆踊りのようになりました。

それでも教室は大きな手拍子で盛り上がりました。

わたしも一緒になって踊らせてもらいました。

◆…震源地ゲームで踊る

「震源地ゲーム」というゲームがあります。

オニのいない間にリーダーを決めます。リーダーの簡単な動き(手拍子や足拍子)をみんなでマネします。中に入ってきたオニはリーダーが誰であるかを当てます。「SOMEDAY」をかけてやりました。

みんなで「SOMEDAY」を踊っているみたいです。最初はグループで遊び、少しずつメンバーを増やします。お互いの踊りが刺激し合い、だんだん興奮してきます。めちゃめちゃ楽しいです。

やってみよう

教師も子どもと一緒に踊れるといいです。子どもと一緒に体をつかった表現活動をすると、教室が熱くなります。

★先生も一緒に

19 くだらないことを言う

教師がくだらないことを言うのは大事です。
教師がくだらならいことを言うと子どもは発言しやすくなります。

◆…教室がなごむために

『教室がなごむお笑いのネタ＆コツ』の本をつくりました。

この本では教室で普通に教師が行っている「くだらないこと」を現場の先生十人がかりで集めてもらいました。

たとえば「テレビにらめっこ」。

教師の発言に笑ったら負けという単純なゲーム。ゲーム開始の合図は「テレビにらめっこ！」。後はダジャレを言うだけです。

「土管がどっかーん」

「傘は貸さない」

「ブタがぶった」

「アルミ缶の上にある蜜柑《みかん》」など。

◆…くだらないこと効果

聞き上手の教師にくだらないことを言う人が多いです。

ここに名前をあげてよいかどうか。元・中学校教師で茨城大学の教授だった高橋俊三先生は、研究会の真面目な席であろうと研究会の後の懇親会であろうとかまわずダジャレを言っていました。

授業中の子どもたちのおしゃべり（発言）を引き出すには無理に発言させるより発言したい気分にさせる方がよいです。

それには教師が「バカ」を言うにかぎります。

やってみよう

「目を閉じて、想像してください。あったら怖いもの。角刈りのライオン！」などのナンセンスネタも使えます。

★先生が率先して

土管がドッカーン
ネコがネコロンダ
布団がふっとんだ
テケテンテン
かこいができたってねえ
へーっ
本格派ですな

20 立ち位置を変化させる

ずっと動かずにしゃべるより、ときどき前に出て子どもたちに近づいてしゃべると変化が生まれます。空気が変わります。

◆…大崎専務のテクニック

吉本興業に大崎専務と呼ばれている人がいます。

マネージャーとしてダウンタウンを育てた有名人です。

その大崎専務がNSC（吉本総合芸能学院）の卒業式で「芸人として生き残るために」というテーマで講演をしました。

場所は東京渋谷の「ヨシモト∞ホール」です。

最初は椅子に座っていました。

卒業生はみな真剣に聞いていますが、空気が重いです。

すると大崎専務は椅子からすっと立ち上がって卒業生の座っている客席に近づいていきました。大崎専務のやったことはそれだけですが、その場の空気が変わったのがわかりました。

◆…教室でも効果ありです

授業の冒頭は教卓前で話すことが多いです。

姿勢を正して本時で行おうとする学習内容のイントロとなる話を始めます。ゆっくり、そして堂々としゃべるのがよいです。

しかし、ずっとその位置では飽きてしまいます。

授業の展開部に入るときには落語家が羽織をそっと脱ぐように、子どもたちの座っている机にゆっくりと近づいて話します。

そうすることで本気モードをメッセージできます。

やってみよう

まとめの話をする場合にも教卓前に戻って話をするといいです。大事な話をします！　というメッセージが伝わります。

★すっと立つ

教室の空気チェック

教室の空気を変えられているか、確認してみよう！

- [ ] 導入でツカミをしている！
- [ ] 教室に「陰」の子をつくっていない！
- [ ] 子どもをノセる楽しい活動をする！
- [ ] 同じ活動をダラダラ続けて飽きさせていない！
- [ ] 子どもの流行の話題を自然に教師トークに入れている！
- [ ] １回の授業に１回ぐらいはわざと脱線話を入れている！
- [ ] 座学ばかりでなく体験型の学び合いも取り入れている！
- [ ] 一斉に○○をするというような活動がある！
- [ ] 息抜きの時間を意識的に設定する！
- [ ] 健全な競争も工夫している！

Ⅲ

学びを生む技術

「騒がしい教室」の中で学ぶこともできます。
静かに・座っての授業ではなく、明るく・アクティブな学び合い。
参加・体験型などと呼ばれる学習法です。

1 ウォーミングアップする

授業導入で「いきなり内容に入る」のがむずかしくなってきました。頭の体操でウォーミングアップするといいです。

◆…小学1年生が動かない！

学級崩壊が騒がれるようになる直前のことです。

北海道の知り合いの若い先生から「1年生に『教科書を開いて』と言っても全然開きません。どうしたことでしょう」という趣旨のメールをもらいました。

わたしは教師の指示の技術の未熟さだと考えました。

・子どもたちのへそが教師に向いていない。

・手遊びをする手をやめさせていない。

・一時に一事の話をしていない。

そのときのわたしはそう判断しました。当たっていないわけではなかったと思います。しかし授業時間になったら教師に対して集中しなければならないと考える子どもが極端に減ってきています。

休み時間の頭のまま授業に突入する子が増えました。

◆…ウオーミングアップの必要性

従来の授業ではすっと本編に入るのがよいといわれました。

いきなり本編に入っても、それなりに授業に入れるだけの心構えが子どもたちにありました。しかしそれが少しずつ欠けるようになってきています。頭の準備体操が必要になってきています。

心を同時につかむ頭のウォーミングアップです。

やってみよう

国語であれば「漢字遊び」。「5画の漢字探し」や「コウと読む漢字探し」などの頭のウォーミングアップをしてみましょう。

★ウォーミングアップ

足がつりました
あっ
だっきゅ〜しましたー！っ
ギックリ腰になりましたー
どうして今日はこんなにケが人が……
そうか！ウォーミングアップ、忘れたんだ

★だからほんとに必要です！

2 座席配置を変化させる

座席配置を少し変えるだけで「学びのルール」も変わってきます。
子ども同士が学び合える座席を工夫しましょう。

◆…まっすぐ前を向いた座席

教室の座席は普通、まっすぐ前を向いています。

教師が教室の前で教科書を説明するのをおとなしく座って聞くのにちょうどよい座席配置です。

他のクラスメートとの交流は遮断されています。

いわゆる「よそ見禁止」の座席配置です。

この座席のまま子どもたちに伝え合う学習をさせようとしてもむずかしいです。教師との縦型コミュニケーションを想定した座席です。クラスメートとの横型コミュニケーションには向きません。

伝え合いには少し内向きの劇場型が向いています。

◆…グループ型の座席配置

グループ学習でも同様の傾向があります。

教師の立ち位置を意識したグループ席が普通です。

子どもたちがすぐに教師の方を向いて説明を聞けるようにグループの座席をつくることが多いです。

しかしワークショップ・ガイドなどを見てみると、教師の視線をわざと遮断して子ども同士がおしゃべりに熱中できるようにグループの座席が工夫されています。座席の配置にもどういう考え方の授業をするのかということが反映されているのです。

やってみよう

グループ・リーダーが教師に背中を向けるように座らせてみると面白いです。従来とは雰囲気の違う学習になります。

★劇場型って…

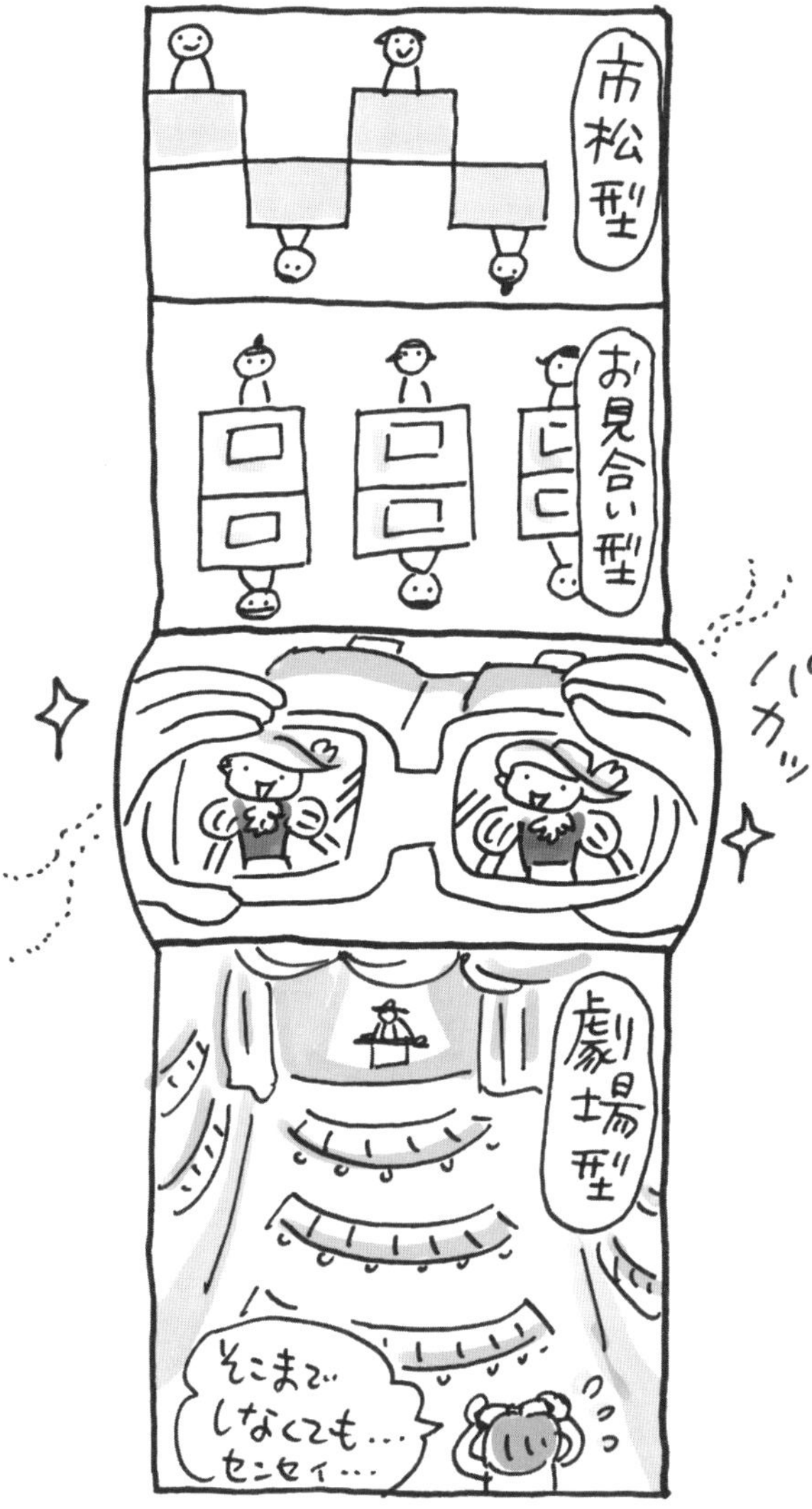
市松型
お見合い型
パカッ
劇場型
そこまでしなくても…センセイ…

3 立ち歩きを合法化する

立ち歩きをする子が増えました。立ち歩いてでも他の子とコミュニケーションをとりたいという欲求の現れです。

◆…立ち歩くことを奨励する

立ち歩きをしたい子どもたちが増えています。

子どもたちのようすをよく見てみると、ただ立ち歩きをしているのではないです。ちょっかいを出したり、おしゃべりをしています。

つまりコミュニケーションをとっているのです。

国語の授業で立ち歩きを指示したことがあります。

口頭で伝えた複数の情報を箇条書き形式のメモにまとめる作業のときです。いろんな箇条書きが出てきて、うまく書けている書き方もけっして同一ではありません。ノートに書かれた、そうしたメモを見て回ることで「きっと学べる」と確信しました。

案の定この立ち歩きは大成功しました。

◆…「合法的な立ち歩き」

北海道の仲間の教師が同様の指導をしています。

彼はこの活動を「合法的立ち歩き」と呼んでいます。一般的には非合法とみられがちな立ち歩きをそう呼んで奨励しています。

合法的立ち歩きは次のようなときに使えます。

何かを見て、短い感想文などを書くとき。

賛成・反対の理由の文を書くとき。

ふり返りの文を書くとき。

やってみよう

ノート作業後は「合法的立ち歩き」をすることを学習パターンの1つにするとよいです。学び合いが加速されます。

★立ち歩きがダメなら

子どもの欲求を知ることが大事ですね。

4 参加型板書を工夫する

教師１人が書いていた黒板を子どもたちにも書かせるようにすることを「参加型板書」と呼びます。学びが変わります。

◆…答えを板書してください

授業の導入で漢字遊びをよくしていました。

たとえば「木のつく漢字」をノートに３分間で書き出します。

３分後、「木のつく漢字」を一番多く書けた子どもに拍手をして、漢字を板書させます。どこに書いたらよいか示すと書きやすいです。自分の書けていない漢字があれば写すように指示します。

チャンピオンが書き終えたら他にないか質問します。

チャンピオンが書けていない木のつく漢字です。

挙手をする手に力が入るのがわかります。

板書はそのままチャンピオンが続けます。口で説明するには少しむずかしい漢字が出てきたら、その漢字を出した子どもが前に出てきて、漢字を書きます。そして、そのまま板書係になります。

つぎつぎと板書係が変わっていきます。

◆…教師が書いてもいいです

もちろん板書は教師がやってもかまいません。

子どもにやらせると当然時間がかかります。しかしその板書への参加が子どもたちの「自己承認欲求」を満足させます。

リレーすることで満足感もリレーされます。

楽しい参加型の学習になります。

やってみよう

学習のふり返りをする際、全員が黒板に短く書きます。書かれた感想を読みながらふり返りを共有するといいです。

★参加型板書

5 学習ルールを明示する

慣習的学習ルールが破られることが増えています。
しかし改めて理由を明示するとルールは案外守られるようです。

◆…説明は黙って聞く

教師の説明を黙って聞くのは「常識」です。

ごく常識的学習ルールの１つだろうと思います。しかし大学などでも「聞かない学生」が増えてきています。「ちょっとちょっと」と声をかけてもなかなか静かになりません。それを予測して説明内容をプリントに印刷して手渡すことが増えています。

わたしは少し騒がしくても話をしてしまいます。

必須事項は板書をするようにしています。

これは行儀が悪い学習者のためだけではなく、耳で聞き取ることが苦手な学習者のための方策でもあります。耳からと、目からと、両方から説明をするようにすることが必要と思います。

多少騒がしくても伝えることはできます。

◆…○分間黙ってください

ただし、イッキに話したいときがあります。

プリントを用意して「まとめて説明します。○分間黙って聞いてください。おしゃべりが聞こえると説明しにくいからです」

こんなふうに学習ルールを明示します。

小学校教師をしていたときは「私語完全禁止」ルールでしたが、いまなら「必要に応じた私語禁止」ルールがよさそうです。

やってみよう

「○分間、××してください」と時間を明示するのが、コツです。もちろん理由についても端的に述べます。

★理由があれば

換気の為窓を
3分間オープン
エコの為東京
一分間消灯
やせる為
一日断食
ピクピク
理由をはっきり
すると守れるんだ
ニャー

6 自己表現の場を増やす

認められたい欲求が高まっています。
大舞台でなく小さな舞台をたくさん用意するようにするとよいです。

◆…ミニネタ授業

ミニネタのある授業が広がっています。

教科書理解を中心にした伝統的な授業だけでは、なかなか授業が成立しなくなってきているからです。

たとえば「えっ！」ゲーム。

次のような「えっ！」と思う状況を声で表して当てるゲームです。

「母親にトイレ掃除を頼まれた」

「500円玉を見つけた」

「携帯電話がトイレにポチャンと落ちた」

「宿題を忘れたことに突然気づいた」

うまく当ててもらるとうれしいです。

小さな自己実現になります。

◆…グループ群読

グループによる群読なども面白いです。

３～７名ぐらいのメンバーで短い詩を工夫して読みます。

最初はことば遊びなどの楽しい詩がいいです。フリをつけたり、少し動いたり、歌のようにしてもOKです。

完成度よりアイデアを評価します。

グループを評価します。

やってみよう

表現活動ではフォローが大事です。教師が先頭に立ちフォローをします。フォローがあると表現がラクになります。

★自己表現

人間は自己を表現したい生き物である
私は歌が好き
ボクは詩を書くのが好き
風の音が…!
よ〜ねた!
ねてばかりいないで何か表現しなさい
この机が、実によく眠れる…と表現してました

「へ理屈」も表現のひとつと言ってみましょう。

7 学習ゲームを活用する

たとえば漢字。漢字テストが有効ですが、テストだけでは漢字に興味をもてない子もいます。漢字ゲームが役に立ちます。

◆…カタカナ漢字！ 対抗戦

カタカナを組み合わせてできた漢字があります。

たとえば「右」「空」「名」「回」「多」「化」「加」などです。

クラスを半分に分けてクラス対抗戦で行います。まずは3分間のシンキングタイム。答えをノートに書かせます。

その後、答えを交互に発表させます。

発表のときには説明もさせます。

「ナとエで左です」

「イとヒで化学の化です」

多く出たチームの勝ちです。

◆…子どものようすを見守る

説明中心の授業では教師が一生懸命にがんばります。

しかし学習ゲームでは子どもたちが夢中になって活動をします。教師は子どもたちのようすを見守りながら声をかけます。

苦戦しているチームを応援します。

勝利チームには心からの拍手を送ります。

負けたチームのフォローもします。

教科書で「教える授業」をしているだけでは見えなかった子どもたちの姿が見えてきます。

やってみよう

ときどき楽しい学習ゲームをして、子どものようすを観察してください。テスト学力ではない、もう一つの学力が見えてきます。

★漢字ゲームで

8 グループで学習をする

教師が教える授業も必要です。しかし子ども同士が学び合うことも必要です。基本はグループ学習です。

◆…二重発表方式

たとえば「なりきり作文」の勉強です。

書き出しは「寝て起きたら～になっていた」です。

思いつきを自由に書くのがコツです。

「寝て起きたら鳥になっていた。ふとんが重い。ふとんからぬけ出して、家の中を飛び回った。お母さんと妹がびっくりして、目を丸くした。おもしろいので学校まで行った。校庭に担任の佐々木先生がいた。頭のすぐ上を３回飛んでやった。佐々木先生は驚いて、腰を抜かした。わっはっは。思いっきり笑った」

当たり外れはあって当たり前です。１人が１つ以上書けた後に、グループに分かれて発表会です。代表者を互選します。

グループ内の一番よいと思った作文を全体に向けて発表をします。

代表作品選びが文を見る目を鍛えます。

これで楽しい作文授業ができます。

◆…グループで学ぶ

授業は教師から教わるものと思っている子がいます。

しかし、子ども同士の学び合いもとても大事な勉強です。上記のようにちょっとしたグループ学習を組み込むようにします。

グループが苦手な子も慣れると楽しく学べます。

やってみよう

グループは4人が基本です。グループをつくったらジャンケンでリーダーを決めます。慣れると学び方がうまくなります。

★寝て起きたら…

想像して
みんな！寝て起きたらどうなってた？
風邪ひいてました
ポチにケーキ食べられてました
遅刻して先生にどなられました
悲しい事実並べてどないすんねん!!

★そういう「寝て起きたら」でなくって……

9 バラエティー型で学ぶ

子どもたちの集中できる時間が短くなっています。
短い時間の中にさまざまなパーツを組み合わせて授業するとよいです。

◆…ことば遊び名人の授業

鈴木清隆さんという「ことば遊び」の授業名人の取材をしたことがあります。小学５年生。しりとり、アクロスティック、折句、創作漢字など、短いことば遊びをつなげて授業していきます。

ずいぶん変わった授業だなと思いました。

通例、研究授業は本時の内容に関わる導入をし、１つのテーマを次々に積み上げるように追求し、最後にピッとまとめをして終わります。いわゆる「山場のある授業」が普通だからです。

鈴木さんは、子どもの興味・関心の強さに合わせ、ことば遊びを短く切ったり、長く伸ばしたりする、と言っていました。長くても、１つのことば遊びは７～８分だったかなあと思います。

◆…子どもに焦点を当てる

最近こうしたバラエティー型の授業が増えています。

漢字遊びをして、絵本の読み聞かせをして、ちょっと読解をして、また音読、もう１度読解をして、漢字テストで終わり。

短い授業断片を組み合わせて授業をつくります。

最近の子どもは１つのテーマでずっと勉強を続けると飽きてきて教室の空気が重くなります。バラエティー型だと、つぎつぎに内容が変わるのでラクです。子どもも飽きずに勉強しやすいです。

やってみよう

1つのパーツの基本を5分と考えています。5分2つで10分間のユニットです。パーツを合体させて授業をつくります。

★バラエティー

こんな大きなパフェでも
いくつかの味に
イチゴアイス
分かれていると
小倉
ラクラク食べられるものですね
抹茶ムース
パーフェクト

10 学びの仕掛けをつくる

勉強したくなる「学びの仕掛け」があると子どもたちが授業に前向きになります。楽しく学べるようです。

◆…ラブレター作文の威力

ラブレター作文という有名な授業があります。

『たのしい授業プラン国語』(仮説社)掲載の実践です。

「たとえ…ても」「なぜ…か」「たぶん…だろう」「どうか…してください」「まるで…のような」という5つの呼応の副詞をすべて使ってラブレターを書きます。もちろんウソ作文もOKです。

小学校高学年ならば大ウケのネタです。

白紙状態でラブレターを書くのではなくて、5つの呼応の副詞を入れてラブレターを書く、というところがミソです。こういう条件を設定することで「たとえ二度と会えなくても」や「まるで女神さまのような」といったやや誇張した表現を呼び込みます。

条件があったからそう書いたと言い訳ができます。

素の状態では書けないことも書けてしまいます。

◆…「学びの仕掛け」論

こういう「学びの仕掛け」は80年代に発見されました。

まったく自由に学ばせるのでもなく、細かな指示でがんじがらめにしてしまうのでもなく、その中間です。学習者が思わず学んでみたくなるような「仕掛け」をすることで学びを促します。

学びの条件設定の工夫で学びが楽しくなります。

やってみよう

一番端的な条件は「時間」です。同じ学習でも、3分、5分、と時間を区切ることで挑戦的な課題になります。

★ラブレター

ママこれよんで
まるで天使のようなお母さん、なぜそんなにやさしいの
やだわもうっ
たぶん、僕のおねがいきいてくれるよね
えっ
どうかパソコン買ってください
これが目的かい!

こういう応用は大いに推奨したいです。

体験型学びチェック

体験型学びができているか、確認してみよう！

- [ ] 教室の固さを気にしている！
- [ ] ときどき教室のレイアウトを変化させる！
- [ ] 子どもが体を動かせる活動を工夫している！
- [ ] 板書は教師がするだけでなく子どもたちもしている！
- [ ] 学習ルールを提案するときにはその理由も説明する！
- [ ] 子どもの自己表現できる場をたくさん用意している！
- [ ] 学習遊びからも学力の伸びを観察している！
- [ ] ペア＆グループによる学習をしている！
- [ ] ミニネタで授業を変化させている！
- [ ] 挑戦的な課題を工夫している！

エピローグ

理論的な話

1　子どもは教師の言う通りに動くべきか？

『二十四の瞳』（壷井栄著）の大石先生と子どちたちの物語に憧れます。

映画で、大石先生が得意のオルガンを弾きながら子どもたちに歌を歌わせるシーンがあります。子どもたちは大石先生の指示で楽しそうに歌います。しかし１人の男の子が手悪さを始めます。

大石先生はそのやんちゃ坊主の男の子に注意をします。

男の子は頭をかいて反省した表情をします。

また楽しい合唱が始まります。

学級崩壊などがいわれる以前の小学校の教室は、基本、この大石先生と子どもたちのような関係でした。先生の注意に子どもたちは従順に従い、先生は子どもにたっぷりの愛情を注ぎました。

いまでも多くの教室ではこの関係は変わっていません。

子どもは教師の言うことをよく聞いてくれます。

子どもたちはとってもかわいいです。

しかし最近少しずつ違う状況も生まれてきています。

たとえば、教師が理由を言わないで子どもを制止する＜注意＞が子どもたちに伝わらなくなっています。教師の価値観にもとづく注意の言葉に、子どもが動かないことが起こるようになっています。

子どもはそもそも教師の言うことを聞くべきではないのか。

自分の中の「常識」と子どもの言動がぶつかります。

子どもの新しい言動に教師は考え込みます。

はたして子どもは教師の言う通りに動くべきでしょうか。

動いてほしいです。子どもたちが動いてくれないと、指導はものすごくやりにくいです。しかし、子どもたちは、教師の言う通りに動いた方が得だと感じたり、居心地がよくないと動きません。

事実として動かない状況が広がりをみせています。

2 子どもの興味を強引につくり出すことは可能か？

「鳴かないホトトギス」という有名な話があります。

鳴かないホトトギスに、織田信長、豊臣秀吉、徳川家康の３人の天下人がどう対応するかで３人の性格を表したものです。

「鳴かぬなら殺してしまえホトトギス」（信長）

「鳴かぬなら鳴かせてみようホトトギス」（秀吉）

「鳴かぬなら鳴くまでまとうホトトギス」（家康）

子どもたちの「鳴く」（表現）活動が起こらないとき、教師である自分はどうするか。強引に型に当てはめてしまうのか。工夫して表現を促すか。条件を整えて待つのか。

教師としての子ども観が強く問われるところです。

問題は、教室で子どもの興味をつくり出すことができるか否かです。

この問題に対する正解は「子どもの興味を強引につくり出すことはできるときもある」あたりと思います。できないわけではないでしょうが、できるにはそれなりの条件が必要になります。

マズローの欲求階層

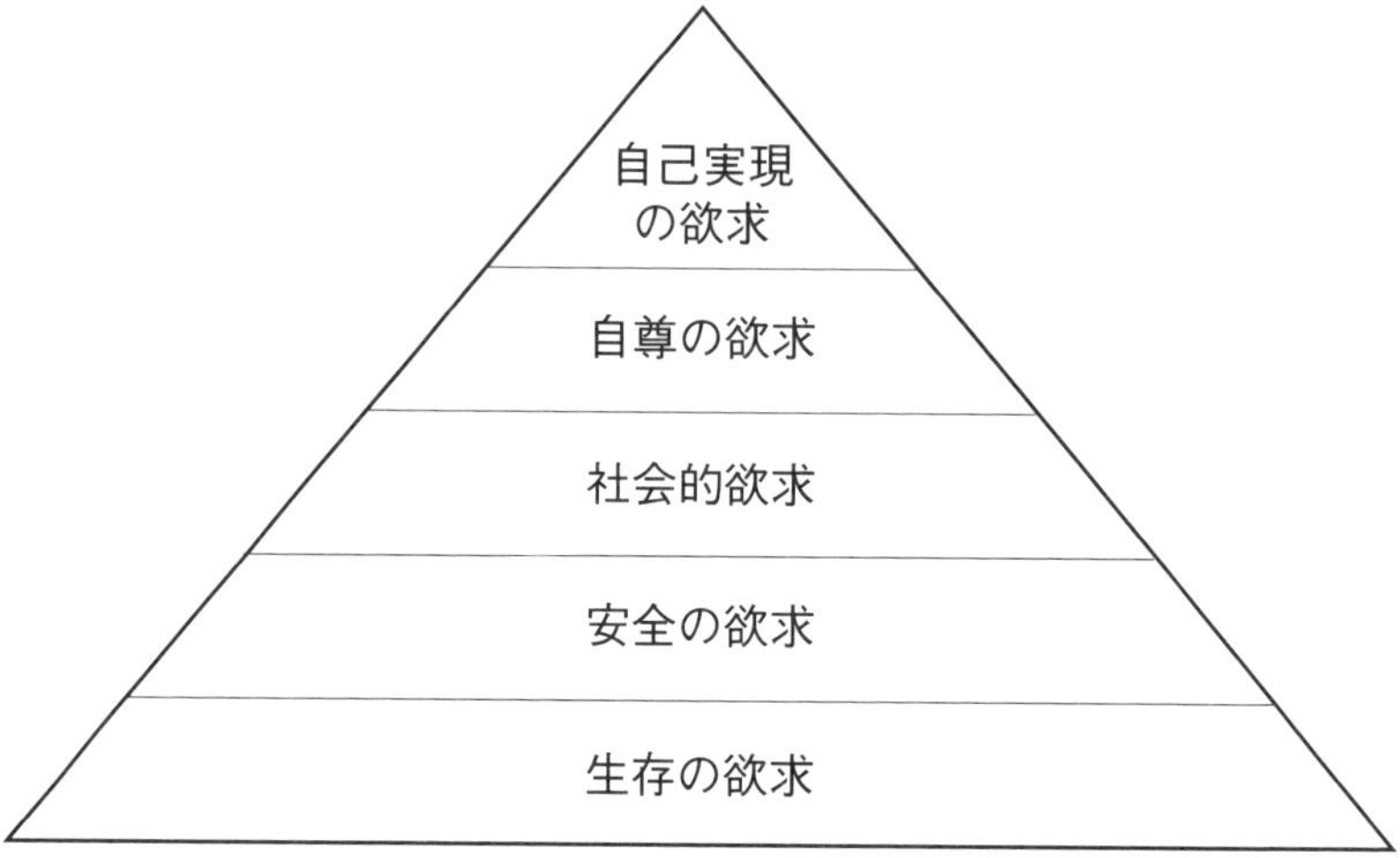
自己実現
の欲求
自尊の欲求
社会的欲求
安全の欲求
生存の欲求

参考になるのは心理学者マズローの欲求階層説です。低次元から、

① **生存の欲求（飢えなどを癒したい欲求）**
② **安全の欲求（身体的な安全を求める欲求）**
③ **社会的欲求（集団に所属して愛情を求める欲求）**
④ **自尊の欲求（他者から注目されたい欲求）**
⑤ **自己実現の欲求（成長をしたい欲求）**

となります。マズローは人間の欲求は階層性をもつとしました。

子どもの興味をつくり出すには少なくとも「社会的欲求」がクリアされている必要があると考えます。これがないと何かに興味をもとうとしても、不安で興味をもてない可能性があります。

ここがクリアされていれば興味はつくれそうです。

興味をつくり出し集中させることも可能です。

3 学習効果の期待できない作業の強要はありかなしか？

騒がしさの罰として「作業課題」を与えることがあります。

学習効果を期待した作業ではなく、合法的に苦痛を与えるための課題です。残念なことに、現代でもこうしたことは行われていると考えられます。騒がしさへの一定の抑止力になるからです。

作業課題のカギはコミュニケーション遮断です。

ドストエフスキーの『死の家の記録』の中に囚人に穴を掘らせてまた埋め戻させることを何度もくり返させる拷問が出てきます。

この拷問で指示される作業は重労働ではないです。

慣れてしまいさえすればむしろ簡単です。

しかし、このような無意味な労働をくり返し続けさせられると、人間は気がおかしくなってしまうそうです。ただし同じように穴を掘ってまた埋めるという作業でも、チームをつくって掘って埋めての作業をさせると、この無意味な労働も耐えられるそうです。

理由はチームでのおしゃべりにあります。

「うまく掘れたね」

「前回よりもだいぶ早く掘れたよ」

「疲れたけどね」

こんな他愛のないおしゃべりが無意味だった労働に意味をもたせ

ることになります。穴を掘ったり埋めたりの無意味さは変わらないものの、その作業を巡る行為に意味が付与されるからです。

この拷問のカギはコミュニケーションにあります。

作業課題は個人の孤独な作業になります。

その孤独が子どもを傷つけます。

この強要はなしです。

絶対なしです。

4 授業中に学習刺激をあたえるのは教師だけか？

文章指導ではよく互選による代表発表をさせます。

たとえば「自分の好きなキャラクターを描写せよ」という課題です。適当な作業時間をとって、グループで発表会をします。

その後に、グループ代表に全体発表をさせます。

この仕掛けで横の学習が可能になります。

互選は「セイノ・ドン方式」をとります。

読み合わせをした後、リーダーの「セイノ・ドン！」の合図で、それぞれ一番よいと思う作品を指さします。一番支持率の高かった作品がグループの代表に選ばれます。選ぶことも勉強です。

自分なりに理由を考えて、指さしをします。

その指さしによって自分の作品が選ばれたり、選ばれなかったり。また自分の指さした作品と他の学生が指さした作品が一致したり、しなかったり。ミニコンクール的な状況が発生します。

代表作品のよさが話題になれば勉強になります。

その後の代表発表も大きな学びの場です。

しかし、こうした学習刺激に対して、まったく反応を示さない学習者もいます。課題を自分がうまく書けたかどうか、グループから作品が支持されたかどうか。意識はそこまでです。

グループ内のおしゃべりはただワイワイガヤガヤやっているだけのように見えますが、そのワイワイガヤガヤがもっとも自分の身になる学習刺激になります。しかし、そうした学習刺激にまったく反応を示さない学習者がいるのです。

学習刺激は教師だけが与えるものと考えているようです。

たぶん過去の経験がそうさせているのでしょう。

学習刺激が教師だけというのは狭いです。

5 教師が「怒る」ことはよくないことなのか？

教師が子どもを「怒る」ことは決して悪くないです。

教師が怒ることで、教室が緊張感に満ちた空間になります。緊張感に満ちた空間で教師の言葉を聞くのは重要です。

感情を伴った言葉の方が伝わるからです。

ただしボタンの掛け違いに注意です。

わたしが若い小学校教師だったときのことです。

子どもたちが書いてくる日記に次の作文がありました。

「先生は本当によく怒る。
たぶん３日に１回ぐらいは怒っている。
先生が怒るのは悪くない。
それはしかたがないと思う。
でもときどきよくない怒り方をする。
興奮して何を怒っているのかわからないときだ。
何を怒られているのかわからないので反省ができない。
こういう怒り方はやめてほしい」

怒るのはよい。でも伝わらないのはダメだということです。
ちなみに、次のような日記もありました。

「○ちゃんも言うように先生はよく怒る。
ぼくは先生が怒ると鼻に目がいく。
鼻の穴が開いたり閉じたり。
思わず笑いそうになる」

【著者】

上條晴夫（かみじょう　はるお）

1957年　山梨県生まれ。
山梨大学教育学部卒業。
小学校教師・児童ノンフィクション作家を経て、教育ライターとなる。
現在、東北福祉大学准教授。

特定非営利活動法人「授業づくりネットワーク」理事長のほか学習ゲーム研究会代表。メディアリテラシー教育研究会代表（2000年３月～2005年３月）。実践！作文研究会代表。お笑い教師同盟代表。
著書は『図解よくわかる授業上達法』（学陽書房）、『さんま大先生に学ぶ―子どもは笑わせるに限る』（フジテレビ出版）、『教師のためのインターネット仕事術』『「勉強嫌い」をなくす学習ゲーム入門』『子どものやる気と集中力を引き出す授業30のコツ』（以上、学事出版）、『実践・子どもウォッチング』『小学校　朗読・群読テキストBEST50』（以上、民衆社）、『総合的な学習のための教育技術―調べ学習のコツと作文的方法―』（健学社）、『お笑いの世界に学ぶ教師の話術』（たんぽぽ出版）、等多数。

【イラスト】

岩田雅美（いわた　まさみ）　http://www.mazami-rock.com/

叱る技術　騒がしい教室を変える40の方法

初版発行　2008年11月17日
２刷発行　2009年２月13日

著　者　上條　晴夫

発行者　光行　淳子
発行所　学　陽　書　房
〒102-0072　東京都千代田区飯田橋1-9-3
営業部　TEL 03-3261-1111　FAX 03-5211-3300
編集部　TEL 03-3261-1112　FAX 03-5211-3301
振　替　00170-4-84240

ブックデザイン／佐藤　博
本文DTP／メルシング　岸　博久
印刷・製本／三省堂印刷

ISBN 978-4-313-65193-7　C0037